"HARSH WORLD" AND OTHER POEMS

The Lockert Library of Poetry in Translation
Editorial Adviser, John Frederick Nims
For other titles in the Lockert Library see page 171

Áspero mundo y otros poemas

ÁNGEL GONZÁLEZ

"Harsh World" and Other Poems

TRANSLATED BY DONALD D. WALSH

PRINCETON UNIVERSITY PRESS
PRINCETON, NEW JERSEY

Copyright © 1977 by Princeton University Press
Published by Princeton University Press
Princeton, New Jersey
In the United Kingdom: Princeton University Press
Guildford, Surrey

ALL RIGHTS RESERVED

Library of Congress Cataloging in Publication Data
will be found on the last printed page of this book

The Lockert Library of Poetry in Translation is supported
by a bequest from the late Lacy Lockert,
scholar and translator of Corneille, Racine, and Dante.

Printed in the United States of America
by Princeton University Press
Princeton, New Jersey

PREFACE

ÁNGEL GONZÁLEZ was born in Oviedo, Spain, in 1925. His first book of poems, *Áspero mundo* (Harsh World), published in Madrid in 1956, was nominated for the Adonais Prize. *Sin esperanza, con convencimiento* (Without Hope but with Conviction) was published in Barcelona in 1961. *Grado elemental* (Elementary Grade, Paris, 1962) won him the Antonio Machado Prize. The first edition of *Palabra sobre palabra* (Word upon Word) appeared in Madrid in 1965. *Tratado de urbanismo* (Treatise on Urban Development) was published in Barcelona in 1967. *Breves acotaciones para una biografía* (Brief Marginal Notes for a Biography, Las Palmas, 1969) and *Procedimientos narrativos* (Narrative Procedures, Santander, 1972) preceded the third edition of *Palabra sobre palabra* (Barcelona, 1972). It is from this definitive collection of González' poetry (117 poems) that the 59 poems of this bilingual edition have been chosen.

I first read González' poetry in *Mundus Artium* (Winter 1974, five poems translated by Gary Brower) and in *New Directions 28* (1974, nine poems translated by Louis M. Bourne). He then seemed to me a poet of striking imagery. Now, after working and reworking my translations, I think him even greater, one of the outstanding Hispanic poets of this century.

González wrote his Introduction at my urging, for I felt that, despite his disclaimers, no one could explain so well as he what made him write such moving poetry.

Of the present translations, eight have been previously published: "Dogs against the moon . . . ," "You rest your hand . . . ," "Yesterday," "Love's Birthday," and "Inventory of Places Propitious for Love" in *The American Pen* (Summer 1975); "That's Not Anything" and "Why look . . ." in the *Occum Ridge Review* (Spring/Summer 1975); and "Evening Waltz" in *Epoch* (Winter 1975). The translator hereby gratefully acknowledges permission to reprint them. He also gratefully acknowledges the perceptive and constructive criticisms made of the first draft of the manuscript by the Princeton University Press readers, especially John Frederick Nims.

D. D. W.

Madison, Connecticut

CONTENTS

Preface	v
Introduction	3
Áspero mundo/ Harsh World	6/7
Cumpleaños/ Birthday	8/9
Eso no es nada/ That's Not Anything	10/11
Me falta una palabra.../ I'm lacking one word...	12/13
Muerte en la tarde/ Death in the Evening	14/15
A qué mirar.../ Why look?...	16/17
Todos ustedes parecen felices.../ You All Seem Happy...	18/19
Adiós.../ Farewell...	20/21
Por aquí pasa un río.../ Through here a river passes...	22/23
El otoño cruzaba.../ Autumn sent...	24/25
Lluvia sobre la nieve en primavera/ Rain upon the Snow in the Spring	26/27
Perros contra la luna.../ Dogs against the moon...	28/29
Apoyas la mano.../ You rest your hand...	30/31
Pájaros/ Birds	32/33
Son las gaviotas, amor.../ They are the seagulls, my love...	34/35
Milagro de la luz.../ Miracle of light...	36/37
Bosque/ Woods	38/39
Otro tiempo vendrá.../ Another time will come...	40/41
El derrotado/ The Defeated One	42/43
Yo mismo/ I Myself	44/45
Mundo asombroso.../ An astonishing world...	46/47

Si serenases . . ./ If you composed . . .	50/51
Esperanza . . ./ Hope . . .	54/55
El recuerdo/ Memory	56/57
Crisis/ Crisis	58/59
Sé lo que es esperar . . ./ I know what it's like to wait . . .	60/61
Ayer/ Yesterday	62/63
Domingo/ Sunday	66/67
El invierno/ Winter	70/71
Cumpleaños de amor/ Love's Birthday	72/73
Diciembre/ December	74/75
Mendigo/ Beggar	78/79
Carta sin despedida/ Letter without Farewell	82/83
Símbolo/ Symbol	87/88
Narración breve/ Brief Narrative	90/91
Entreacto/ Intermission	92/93
Pájaro enorme . . ./ Enormous bird . . .	98/99
Piedra rota/ Broken Stone	102/103
Esperad que llegue/ Wait for It to Come	106/107
Estío en Bidonville/ Summer in the Slums	108/109
Prueba/ Proof	112/113
Me basta así/ That Is Enough for Me	116/117
Las palabras inútiles/ Useless Words	120/121
Inventorio de lugares propicios al amor/ Inventory of Places Propitious for Love	124/125
Plaza con torreones y palacios/ Square with Towers and Palaces	128/129
Preámbulo a un silencio/ Preamble to Silence	132/133

Vals de atardecer/ Evening Waltz	134/135
Tango de madrugada/ Tango of the Dawn	136/137
Canción para cantar una canción/ Song to Sing a Song	138/139
Qué le vamos a hacer/ It's Hopeless	140/141
Letra para cantar un día domingo/ Words to Be Sung on a Sunday	142/143
Ciudad cero/ Zero City	146/147
Primera evocación/ First Evocation	150/151
Siempre lo que quieras/ Whatever You Want	154/155
Así nunca volvió a ser/ It Was Never the Same Again	156/157
Empleo de la nostalgia/ The Uses of Nostalgia	158/159
Quinteto enterramiento para cuerda en cementerio y piano rural/ Funeral Quintet for Graveyard Strings and Country Piano	162/163
Realismo mágico/ Magic Realism	164/165
Ciencia aflicción/ Science as Affliction	168/169

"HARSH WORLD" AND OTHER POEMS

INTRODUCTION

AS I begin to write these words that precede my poems I am overcome by a feeling of timidity and uneasiness. I have so often read, in the most famous pages of the most brilliant contemporary critics, that poems are not within the control of their author, that I have almost come to believe it. It is not surprising that, when urged to write about my own poems, I am intimidated and ill at ease, with a feeling that I am an undesirable intruder.

For what the critics say is undoubtedly true, at least in this sense: only the poem expresses what the poem is, and the reader should pay attention only to what *it* says. The words of the poem can and usually do say more—or less—than what was in the mind of their author: they are the whole, the definitive whole.

Nevertheless, I believe that the poet can say something, without offending and with some usefulness, about his own work. Something, moreover, that—precisely because it is usually left outside the poem—only he knows with certainty: his intentions as he writes, and the context of his writing.

The intentions, as I have indicated, will add nothing to and take nothing directly from the poem. But they can be useful in appraising the work of their author; they come to be, for the poet, what the bull's-eye is for the marksman: they allow people to decide whether his successes are due to chance or to good marksmanship.

Whenever I face the writing of a poem I try to achieve, first of all, exactness, precision, and clarity of expression. Ezra Pound has defined very well what those terms mean to me. Pound says:

> "In proportion as his work is exact, i.e., true to human consciousness and to the nature of man, as it is exact in formulation of desire, so it is durable and so it is 'useful!' ... One 'moves' the reader only by clarity. In depicting

the motions of the 'human heart' the durability of the writing depends on the exactitude." From this it is clear that (again quoting from Pound) "Bad art is inaccurate art. . . . By good art I mean art that bears true witness, I mean the art that is most precise."

From everything said here I hope it will be inferred that my poems have been born out of the need to express an experience of reality. I know that, in the domain of literary criticism, "reality" has come to be a difficult and rather vague word, for many people a disagreeable word; but I find no other term adequate to refer to the totality of things—concrete and abstract, ideal and actual—that I encounter or to which I relate in some way.

"Experience," "reality," and "preciseness of expression" are probably, then, the boundaries that limit the space, on a horizontal plane, in which my poetic intentions move. Upon this plane, trying to add another dimension, I attempt to erect my creative and imaginative possibilities.

It may be fitting to add here that, in my opinion, art has, unavoidably, a profound moral significance. I hope that the reader will be kind enough not to believe that I consider these poems as sermons or that I am referring to conventional morality. What I am alluding to—agreeing with Yvor Winters—is the more complex fact of the appraisal—emotional, sensory, or of any other kind—that every poem implies with regard to the experience that it expresses. The moral significance of art does not exclude, for me, other possible values: including the political value, for example, that a poem may have at a given moment—to cite an illustrious example, *The Divine Comedy* at the moment when it was written.

Naturally, I am not unaware of this basic fact: a poem is, above all, a form. To forget or to scorn the formal aspects of the poem is to destroy it.

A few final details that have to do with the context of the poetry and with myself: my poems are as much the result of my personal experience as they are the product of the historic time in which it has been my lot to live—or rather, to be a witness. This may not be very clear for those who read the poems without keeping in mind that my historic time not only has been marked by violence but has been indelibly colored by dictatorship and oppression. In some of these poems, written and published in Spain, the result of a determined desire *to bear witness* will have to be sought not in what the words say but in what they imply, in the spaces of shadow, of silence, of anger, or of helplessness that they discover or cover. The existence of a censorship that was ruthless, and also frequently and fortunately inept, forced me at times to have recourse to an ironical and ambiguous language, and even to transfer to a distant objective correlative many of my more immediate and urgent concerns.

A. G.

Albuquerque, New Mexico

Áspero mundo

Te tuve
cuando eras
dulce,
acariciado mundo.
Realidad casi nube,
¡cómo te me volaste de los brazos!

Ahora te siento nuevamente.
No por tu luz, sino por tu corteza,
percibo tu inequívoca
presencia.
. . . agrios perfiles, duros meridianos,
¡áspero mundo para mis dos manos!

Harsh World

I held you
when you were
soft,
cherished world.
Reality almost cloud,
how you have flown from my arms!

Now I feel you again.
Not through your light but through your skin,
I sense your unequivocal
presence.
. . . sharp profiles, hard meridians,
harsh world for my two hands!

Cumpleaños

Yo lo noto: cómo me voy volviendo
menos cierto, confuso,
disolviéndome en aire
cotidiano, burdo
jirón de mí, deshilachado
y roto por los puños.

Yo comprendo: he vivido
un año más, y *eso es* muy duro.
¡Mover el corazón todos los días
casi cien veces por minuto!

Para vivir un año es necesario
morirse muchas veces mucho.

Birthday

I notice it: how I am slowly getting
less certain, confused,
melting in the daily
air, rough
tatter of myself, frayed
and ragged at the cuffs.

I understand: I have lived
another year, and that is very hard to do.
Moving one's heart every day
nearly a hundred times a minute.

To live a year one has to die
many times and many deaths.

Eso no es nada

Si tuviésemos la fuerza suficiente
para apretar como es debido un trozo de madera,
sólo nos quedaría entre las manos
un poco de tierra.
Y si tuviésemos más fuerza todavía
para presionar con toda la dureza
esa tierra, sólo nos quedaría
entre las manos un poco de agua.
Y si fuese posible aún
oprimir el agua,
ya no nos quedaría entre las manos
nada.

That's Not Anything

If we had strength enough
really to squeeze a piece of wood,
only a little earth
would be left between our hands.
And if we had still more strength
to press that earth with all our might,
only a little water
would be left between our hands.
And if we could manage to compress
the water even more,
between our hands would now be left
nothing at all.

Me falta una palabra...

Me falta una palabra, una palabra
sólo.
    Un niño pide pan; yo pido menos.
Una palabra dadme, una sencilla
palabra que haga juego
con...
    Qué torpes
mujeres sucias me interrumpen
con su lento
llorar...
    Comprended: cualquiera de vosotros,
olvidada en sus bolsos, en su cuerpo,
puede tener esa palabra.
    Cruza más gente rota, llegan miles
de muertos.
La necesito: ¿No veis
que sufro?
    Casi la tenía ya y vino ese hombre
ceniciento.
Ahora...
    ¡Una vez más!
        Así no puedo.

I'm lacking one word . . .

I'm lacking one word, just one
word.
    A child begs for bread; I beg for less.
Give me one word, a simple
word that will
match...
    How clumsy!
dirty women interrupt me
with their slow
weeping...
    Understand: any one of you,
left forgotten in his pockets, on his body,
can have that word.
    More ragged people cross by, thousands
of dead arrive.
I need it: Don't you see
that I'm suffering?
    I almost had it then and that ash-
colored man showed up.
Now...
    Not again!
        I'm through.

Muerte en la tarde

De los cientos de muertes que me habitan,
ésta de hoy es la que menos sangra.
Es la muerte que viene con las tardes,
cuando las sombras pálidas se alargan,
y los contornos se derrumban,
y se perfilan las montañas.

Entonces alguien pasa pregonando
su mercancía bajo la ventana,
a la que yo me asomo para ver
las últimas farolas apagadas.

Por la ceniza de las calles cruzan
sombras sin dejar huella, hombres que pasan,
que no vienen a mí ni en mí se quedan,
a cuestas con su alma solitaria.

La luz del día huye hacia el oeste.
El aire de la noche se adelanta,
y nos llega un temor agrio y confuso,
casi dolor, apenas esperanza.

Todo lo que me unía con la vida
deja de ser unión, se hace distancia,
se aleja más, al fin desaparece,
y muerto soy,
              . . .y nadie me levanta.

Death in the Evening

Of the hundreds of deaths that inhabit me,
today's is the one that bleeds the least.
It's the death that comes with the evenings,
when the pale shadows lengthen,
and the contours collapse,
and the mountains show off their profiles.

Someone walks by then
crying his wares beneath the window,
to which I go to watch
the last street lamps going out.

Along the ashes of the streets pass
shadows that leave no trace, men who go by,
who don't come to me or stay in me,
with their solitary souls upon their backs.

The daylight flees toward the west.
The night air comes forward,
and to us comes a bitter and befuddled fear,
almost grief, scarcely hope.

Everything that united me with life
ceases to be union, becomes distance,
goes farther off, finally vanishes,
and I am dead,
             . . . and no one lifts me up.

A qué mirar...

A qué mirar. A qué permanecer
seguros
de que todo es así, seguirá
siendo... Jamás pudo
ser de otra forma, compacto
y duro,
este—perfecto en su cadencia—
mundo.
Preferible es no ver. Meter las manos
en un oscuro
panorama, y no saber
qué es esto que aferramos, en un puro
afán de incertidumbre, de mentira.
Porque la verdad duele. Y lo único
que te agradezco ya es que me engañes
una vez más...
                    —"Te quiero mucho...'

Why look? . . .

Why look? Why continue to be
convinced
that everything is like that, will go on
being . . . It never could have
been in any other shape, compact
and hard,
this—perfect in its cadence—
world.
It's better not to see. To thrust our hands
into a dark
landscape, and not to know
what this thing is that we are clutching at, in a stark
yearning for uncertainty, for falsehood.
Because truth hurts. And the only thing
I now thank you for is that you will deceive me
one more time . . .
              —"I love you very much . . ."

Todos ustedes parecen felices...

...y sonríen, a veces, cuando hablan.
Y se dicen, incluso,
palabras
de amor. Pero
se aman
de dos en dos
para
odiar de mil
en mil. Y guardan
toneladas de asco
por cada
milímetro de dicha.
Y parecen—nada
más que parecen—felices,
y hablan
con el fin de ocultar esa amargura
inevitable, y cuántas
veces no lo consiguen, como
no puedo yo ocultarla
por más tiempo: esta
desesperante, estéril, larga,
ciega desolación por cualquier cosa
que—hacia donde no sé—, lenta, me arrastra.

You All Seem Happy . . .

. . . and you smile, at times, when you speak.
And you even tell each other
words
of love. But
you love
in couples
and you
hate in
thousands. And you store up
tons of disgust
for each
inch of happiness.
And you seem—merely
seem—happy,
and you talk
to try to hide that inevitable
bitterness, and so often
you don't manage to, just as
I cannot conceal it
any longer: this
desperate, sterile, long,
blind grief because of something
that slowly drags me to an unknown end.

Adiós . . .

Adiós. Hasta otra vez o nunca.
Quién sabe qué será,
y en qué lugar de niebla.
Si habremos de tocarnos para reconocernos.
Si sabremos besarnos por falta de tristeza.
Todo lo llevas con tu cuerpo.
Todo lo llevas.
Me dejas naufragando en esta nada
inmensa.
Cómo desaparece el monte
—me dejas. . .—,
se hunde el río
—. . .en esta. . .—,
se desintegra la ciudad.

Despiertas.

Farewell . . .

Farewell. Until another time or never.
Who knows what it will be,
and in what misty place.
If we'll have to touch to recognize each other.
If we'll know enough to kiss for want of sadness.
You carry everything away with your body.
You carry everything away.
You leave me sinking into this enormous
nothingness.
How the mountain disappears—
you leave me. . .—
the river sinks—
. . .into this. . .—
the city crumbles.

You awake.

Por aquí pasa un río . . .

Por aquí pasa un río.
Por aquí tus pisadas
fueron embelleciendo las arenas,
aclarando las aguas,
puliendo los guijarros, perdonando
a las embelesadas
azucenas. . .
           No vas tú por el río:
es el río el que anda
detrás de ti, buscando en ti
el reflejo, mirándose en tu espalda.

Si vas de prisa, el río se apresura.
Si vas despacio, el agua se remansa.

Through here a river passes . . .

Through here a river passes.
Through here your footsteps
went burnishing the sands,
brightening the waters,
polishing the stones, forgiving
the enraptured
lilies . . .

      It is not you who follow the river:
it is the river that flows
after you, seeking in you
its reflection, watching itself at your back.

If you go swiftly, the river quickens.
If you go slowly, the water forms a pool.

El otoño cruzaba...

El otoño cruzaba
las colinas de débiles
temblores. Cada
hoja caída
estremecía toda una montaña.

Leve rumor de luces y de brisas
rodaba por el valle, se acercaba.
Los pájaros dejaban bruscamente
temblorosas las ramas
cayéndose hacia el cielo, arrebatados
por una fuerza extraña.
Las carnosas ortigas
se apretaban
como un rebaño
inquieto. Levantaban del agua
su cabeza, los juncos.
Las verdinegras zarzas
se crecían.

Imperceptibles, más delgadas
por la tensa postura de su espera,
las hierbas, anhelantes...
                      Tú llegabas,
y una amarilla paz de hojas caídas
reponía el silencio a tus espaldas.

Autumn sent . . .

Autumn sent
slight shivers through
the hills. Each
fallen leaf set
a whole mountain trembling.

A faint sound of lights and breezes
rolled through the valley, came closer.
The birds left the branches
brusquely trembling
and they swooped toward the sky, snatched up
by an unfamiliar force.
The plump nettles
huddled
like an uneasy
flock. The reeds raised their heads
from the water.
The dark-green brambles
swelled.

Imperceptible, more slender
through the rigid posture of their waiting,
the grasses, yearning . . .
                      You were coming,
and a yellow truce of fallen leaves
was restoring silence at your back.

Lluvia sobre la nieve en primavera

Exhumando ateridas margaritas,
la lluvia
recupera el color para la tarde.
Ninguna
cosa ha desaparecido:
la piedra vuelve pura
—más que antes—
y la tierra es la tierra como nunca.

El frío se corrompe por los bordes,
se fatiga, se ensucia,
pierde gracia y materia, sobrevive
en improbable espuma.

Desesperado esfuerzo de la nieve
que aún intenta aferrarse a la blancura,
son esas huellas de tus pies, intactas,
que el agua va llenando de ternura.

Rain upon the Snow in the Spring

Reviving daisies stiff with cold,
the rain
restores their color by the evening.
No
thing has disappeared:
stone becomes pure—
more than before—
and earth is earth as it has never been.

The cold rots at the edges,
it becomes tired, dirty,
it loses grace and substance, it survives
as unlikely foam.

Desperate endeavor of the snow
that still attempts to cling to whiteness,
those prints of your feet, intact,
that the water slowly fills with tenderness.

Perros contra la luna...

Perros contra la luna, lejanísimos,
llevan hasta los ámbitos
más próximos la inquietud de la noche
rumorosa. Claros
sonidos, antes inaudibles,
se perciben ahora. Ecos vagos,
jirones de palabras, goznes
agrios,
desasosiegan el recinto en sombra.

Apenas sin espacio,
el silencio, el inasible
silencio, cercado
por los ruidos, se aprieta
en torno de tus piernas y tus brazos,
asciende levemente a tu cabeza,
y cae por tus cabellos destrenzados.

Es la noche y el sueño: no te inquietes
El silencio ha crecido como un árbol.

Dogs against the moon . . .

Dogs against the moon, far, far away
bring to the closest
regions the restlessness of murmuring
night. Clear
sounds, once inaudible,
are now perceived. Vague echoes,
shreds of words, creaking
hinges,
perturb the shadowed circle.

With hardly any space,
the silence, the ungraspable
silence, hedged in
by sounds, presses
around your arms and legs,
rises gently to your head,
and falls along your loosened hair.

*It is the night and the dream: do not be uneasy.
Silence has grown like a tree.*

Apoyas la mano...

Apoyas la mano
en un árbol. Las hormigas
tropiezan con ella y se detienen,
dan la vuelta, vacilan.
Es dulce tu mano. La corteza
del abedul también es dulce: dulcísima.
Una agridulce plata otoñal sube
desde su raíz honda hasta ti misma.
Mojada por la luz sucia y filtrada,
peinada fríamente por la brisa,
te estás quedando así: cada momento
más sola, más pura, más concisa.

You rest your hand . . .

You rest your hand
upon a tree. The ants
run into it and stop,
turn around, hesitate.
Your hand is soft. The birch
bark is also soft: most soft.
A bittersweet autumnal silver mounts
from its deep root to where you are.
Moistened by the dirty, filtered light,
combed coldly by the breeze,
you stand there: moment by moment
more alone, more pure, more slender.

Pájaros

Detenían su vuelo
sobre el árbol
más próximo. Suspendían
su canto
para volver
a reanudarlo
de un modo distinto. Llegaban
otros pájaros.
Volaban. Los sostenía el viento.
Un viento levantado
desde las más profundas
raíces—cálido
aliento de la tierra. Tropezaban
uno con otro, como si algo
les fuese limitando
angustiosamente
el espacio.
Ya no cabían. La tarde entera
se debatía estremecida bajo
su peso.
Y de pronto, callaron.
El silencio
iluminó de un fogonazo
tu figura.
Un eco dilatado
apagó los rumores
más lejanos.
          Ellos
te estaban escuchando.

Birds

They would stop their flight
upon the nearest
tree. They would check
their song
to renew it
again
in a different way. Other
birds would come.
They would fly, upheld by the wind.
A wind risen
from the deepest
roots—hot
breath of earth. They would fly into
one another, as if something
were achingly
shrinking
their space.
There was no room for them now. The whole afternoon
struggled trembling beneath
their weight.
And suddenly they were still.
With a burst of fire
silence kindled
your face.
A swelling echo
drowned the farthest
murmurs.
        They
were listening to you.

Son las gaviotas, amor...

Son las gaviotas, amor.
Las lentas, altas gaviotas.

Mar de invierno. El agua gris
mancha de frío las rocas.
Tus piernas, tus dulces piernas,
enternecen a las olas.
Un cielo sucio se vuelca
sobre el mar. El viento borra
el perfil de las colinas
de arena. Las tediosas
charcas de sal y de frío
copian tu luz y tu sombra.
Algo gritan, en lo alto,
que tú no escuchas, absorta.

Son las gaviotas, amor.
Las lentas, altas gaviotas.

They are the seagulls, my love...

They are the seagulls, my love.
The slow, lofty seagulls.

A winter sea. The gray water
stains the rocks with cold.
Your legs, your sweet legs
move the waves to pity.
A dirty sky is overturned
upon the sea. The wind blurs
the profile of the sand
dunes. The tedious
pools of salt and cold
copy your light and your shadow.
They shriek something, up there,
that you do not hear, lost in thought.

They are the seagulls, my love.
The slow, lofty seagulls.

Milagro de la luz . . .

Milagro de la luz: la sombra nace,
choca en silencio contra las montañas,
se desploma sin peso sobre el suelo
desvelando a las hierbas delicadas.
Los eucaliptos dejan en la tierra
la temblorosa piel de su alargada
silueta, en la que vuelan fríos
pájaros que no cantan.
Una sombra más leve y más sencilla,
que nace de tus piernas, se adelanta
para anunciar el último, el más puro
milagro de la luz: tú contra el alba.

Miracle of light . . .

Miracle of light: the shadow is born,
it strikes in silence against the mountains,
it tumbles weightless upon the ground,
keeping the delicate grasses awake.
The eucalyptus trees leave upon the earth
the trembling bark of their lengthened
silhouette, over which fly cold
birds that do not sing.
A slighter and simpler shadow,
born from your legs, comes forward
to announce the ultimate, the purest
miracle of light: you profiled by the dawn.

Bosque

Cruzas por el crepúsculo.
El aire
tienes que separarlo casi con las manos
de tan denso, de tan impenetrable.
Andas. No dejan huellas
tus pies. Cientos de árboles
contienen el aliento sobre tu
cabeza. Un pájaro no sabe
que estás allí, y lanza su silbido
largo al otro lado del paisaje.
El mundo cambia de color: es como el eco
del mundo. Eco distante
que tú estremeces, traspasando
las últimas fronteras de la tarde.

Woods

You walk across the dusk.
The air,
so dense, so impenetrable,
you almost have to cleave it with your hands.
You walk. Your feet
leave no tracks. Hundreds of trees
hold their breath above your
head. A bird does not know
that you are there, and he casts his far-flung
song across the landscape.
The world changes color: it is like the echo
of the world. A distant echo
that you set trembling, going beyond
the farthest frontiers of the evening.

Otro tiempo vendrá...

Otro tiempo vendrá distinto a este.
Y alguien dirá:
"Hablaste mal. Debiste haber contado
otras historias:
violines estirándose indolentes
en una noche densa de perfumes,
bellas palabras calificativas
para expresar amor ilimitado,
amor al fin sobre las cosas
todas."

Pero hoy,
cuando es la luz del alba
como la espuma sucia
de un día anticipadamente inútil,
estoy aquí,
insomne, fatigado, velando
mis armas derrotadas,
y canto
todo lo que perdí: por lo que muero.

Another time will come . . .

Another time will come distinct from this one.
And somebody will say:
"You did not speak well. You should have told
other stories:
lazy violins stretching
in a night dense with perfumes,
lovely epithets
to express limitless love,
love to the end and above
everything."

But today,
when the dawn's light is
like the dirty foam
of a day that promises to be useless,
here I am,
sleepless, weary, watching over
my defeated arms,
and I sing to
all that I have lost: for which I die.

El derrotado

Atrás quedaron los escombros:
humeantes pedazos de tu casa,
veranos incendiados, sangre seca
sobre la que se ceba—último buitre—
el viento.

Tú emprendes viaje hacia adelante, hacia
el tiempo bien llamado porvenir.
Porque ninguna tierra
posees,
porque ninguna patria
es ni será jamás la tuya,
porque en ningún país
puede arraigar tu corazón deshabitado.

Nunca—y es tan sencillo—
podrás abrir una cancela
y decir, nada más: "buen día,
madre."
Aunque efectivamente el día sea bueno,
haya trigo en las eras
y los árboles
extiendan hacia ti sus fatigadas
ramas, ofreciéndote
frutos o sombra para que descanses.

The Defeated One

Left behind was the wreckage:
smoking bits of your house,
summers set on fire, dried blood
over which the wind—that ultimate vulture—
gloats.

You begin a journey forward, toward
the time well-called the time to come.
Because no land
is your possession,
because no country
is or ever will be yours,
because in no land
can your deserted heart take root.

Never—and it is so simple—
will you be able to open a door
and just say: "Good morning,
mother."
Even though the morning really is a good one,
though there is wheat on the threshing-floor
and though the trees
hold out to you their weary
branches, offering
fruits or shade to let you rest.

Yo mismo

Yo mismo
me encontré frente a mí en una encrucijada.
Vi en mi rostro
una obstinada expresión, y dureza
en los ojos, como
un hombre decidido a cualquier cosa.

El camino era estrecho, y me dije:
"Apártate, déjame
paso,
pues tengo que llegar hasta tal sitio."

Pero yo no era fuerte y mi enemigo
me cayó encima con todo el peso de mi carne,
y quedé derrotado en la cuneta.

Sucedió de tal modo, y nunca pude
llegar a aquel lugar, y desde entonces
mi cuerpo marcha solo, equivocándose,
torciendo los designios que yo trazo.

I Myself

I myself
met me face to face at a crossing.
I saw on me
a stubborn expression, and a hardness
in the eyes, like
a man who'd stop at nothing.

The road was narrow, and I said to me:
"Stand aside, make
way,
for I have to get to such and such a place."

But I was not strong, and my enemy
fell upon me with all the weight of my flesh,
and I was left defeated in the ditch.

That's the way it happened, and I never could
reach that place, and ever since
my body walks by itself, getting lost,
distorting whatever plans I make.

Mundo asombroso...

Mundo asombroso
surge bruscamente.

Me da miedo la luna
embalsamada
en las aguas del río,
el bosque silencioso
que araña con sus ramas
el vientre de la lluvia,
los pájaros
que aúllan en el túnel de la noche
y todo
lo que súbitamente
hace un gesto y sonríe
para marchar de pronto.

En medio
de la cruel retirada de las cosas
precipitándose en desorden hacia
la nada y la ceniza,
mi corazón naufraga en la zozobra
del destino del mundo que lo cerca.
¿A dónde va ese viento y esa luz,
el grito
de la roja amapola inesperada,
el canto de las grises
gaviotas de los puertos?
¿Y qué ejército es ese que me lleva
envuelto en su derrota y en su huída
—fatigado rehén, yo, prisionero
sin número y sin nombre, maniatado

An astonishing world . . .

An astonishing world
suddenly looms up.

I am frightened by the moon
embalmed
in the waters of the river,
the silent forest
that scratches with its branches
the belly of the rain,
the birds
that howl in the tunnel of the night
and every-
thing that unexpectedly
makes a face and smiles
only to vanish without warning.

In the midst
of the cruel retreat of things
dashing in disorder toward
nothingness and ashes,
my heart founders in the wreckage
of the fate of the world that surrounds it.
Where does that wind go, that light,
the cry
of the unexpected red poppy,
the call of the gray
seagulls of the ports?
And what army is that which takes me
wrapped in its defeat and in its flight—
weary hostage, I, prisoner
numberless and nameless, handcuffed

entre escuadras de gritos fugitivos—
hacia la sombra donde van las luces,
hacia el silencio donde la voz muere?

among squads of fugitive cries—
toward the shadow where the lights are going,
toward the silence where the voice is dying?

Si serenases...

Si serenases
tu pensamiento, si pudieses
detenerte y pensar,
mirar en torno, tocar las cosas
entre las que pasas,
acaso
te sería sencillo reconocer
rostros, no sé, lugares,
gentes
que hablen tu mismo idioma y te comprendan.

Si fueses
capaz de hallar un sitio donde echarte
boca abajo, y cerrar
los ojos,
y mirar, despacio, dentro de tu
vida,
quizá
te resultase fácil averiguar
algo, saber
a qué lugares quieres
ir, de dónde vienes,
para qué estás aquí,
cuál es tu nombre.

Pero el tiempo no existe,
y tienes prisa:
no hay sitio para ti en el descampado
donde habitas,
el llanto
puede llegar de pronto, la luz cae

If you composed . . .

If you composed
your thought, if you could
stop and think,
look around you, touch the things
you pass among,
maybe
it would be easy for you to recognize
faces, I don't know, places,
people
who would talk your language and understand you.

If you could
find a place where you could throw yourself
face down, and close
your eyes,
and look, slowly, inside your
life,
perhaps
it would be easy for you to learn
something, to know
what places you want
to go to, where you come from,
what you're here for,
what your name is.

But time doesn't exist,
and you're in a hurry:
there's no room for you in the open place
you live in,
tears
can come suddenly, light falls

en la sombra—casi
invierno,
el otoño se vuelve lluvia y frío—
nadie mira hacia ti, anda,
apresúrate,
tu cuerpo fatigado necesita
descanso,
es ya de noche,
corre,
aquí tampoco,
es preciso llegar, no
te detengas,
sigue buscando, muévete, camina.

into shadow—almost
winter,
autumn turns into rain and cold—
no one is looking your way, go on,
hurry,
your weary body needs
rest,
it's night already,
run,
no, not here either,
you've got to get there, don't
stop,
go on looking, move, walk.

Esperanza . . .

Esperanza,
araña negra del atardecer.
Te paras
no lejos de mi cuerpo
abandonado, andas
en torno a mí,
tejiendo, rápida,
inconsistentes hilos invisibles,
te acercas, obstinada,
y me acaricias casi con tu sombra
pesada
y leve a un tiempo.

Agazapada
bajo las piedras y las horas,
esperaste, paciente, la llegada
de esta tarde
en la que nada
es ya posible. . .
           Mi corazón:
tu nido.
           Muerde en él, esperanza.

Hope . . .

Hope,
black twilight spider.
You stop
not far from my abandoned
body, you walk
around me,
swiftly weaving
flimsy and invisible threads,
you come closer, stubborn,
and you almost brush me with your shadow,
at once
light and heavy.

Crouching
beneath the stones and the hours,
you patiently waited for the coming
of this evening
when nothing
is now possible . . .
                My heart:
your nest.
        Bite into it, hope.

El recuerdo

Si fuese débil, si
me abandonase a tu canto un solo instante,
no podría
desasirme ya nunca de tus redes
y me debatiría,
inmóvil en tu centro,
los siglos o las horas que aún me quedan.

Te oigo a lo lejos,
hablas
de cosas que también están lejanas,
pero no escucho,
cierro mis oídos,
y miro el mar, el cielo, las gaviotas,
con toda la atención puesta en su vuelo,
con toda el alma sobre su aventura.

No tienes fuerzas para detenerme,
pero
cada vez que te oigo a pesar mío,
vacilo
y siento
el deseo de acostarme
sobre la arena blanca de la playa
y llorar escuchando tus historias
que empiezan de mil modos diferentes
para llegar al mismo
final
siempre:

"el hombre, solo, frente al mar, por último.

Memory

If I were weak, if
I yielded to your song a single instant,
I could nevermore
free myself from your nets
and I would struggle,
motionless at your center,
for the centuries or the hours I still have left.

I hear you in the distance,
you talk
of things that are also distant,
but I do not listen,
I shut my ears,
and I look at the sea, the sky, the gulls,
with all my attention fixed upon their flight,
with all my soul upon their adventure.

You do not have the strength to stop me,
but
each time that I hear you despite myself,
I waver
and I feel
a need to lie down
upon the white sand of the beach
and weep, listening to your stories
that begin in a thousand different ways
only to end
always
the same way:

"man, alone, facing the sea, at last..."

Crisis

Lo ideal en estos casos
sería morirse de muerte natural,
hacer un gesto agrio,
estirarse
definitivamente,
y marchar con cuidado
para que nadie pueda
darse por ofendido.
Pero ello no es posible
sin contar con Dios Padre
—y los restantes.
Por eso
—frío en la calle, tedio
en los que pasan—
permanezco en mi sitio, y vivo
—corazón asediado por el llanto—
mi hora la terrible:
la que aún no ha sonado.

Crisis

The ideal thing in these cases
would be to die a natural death,
to make a sour face,
to stiffen
once and for all,
and go away softly
so that nobody can
take offense.
But this isn't possible
without regard to God the Father—
and the ones that are left.
That's why—
cold in the street, tedium
in the passersby—
I remain at my place, and I live—
my heart besieged by weeping—
my hour the terrible one:
the one that hasn't sounded yet.

Sé lo que es esperar...

Sé lo que es esperar:
¡esperé tantos
días y tantas cosas en mi vida!
Los inviernos tediosos esperando,
los veranos, bajo el sol,
esperando,
el luminoso y amarillo otoño
—bella estación para esperar—
e incluso
la primavera abierta a toda espera
más próxima que nunca a realizarse,
me han visto inútilmente,
pero firme,
tenaz, ilusionado,
en el lugar y la hora de la cita,
alta la fe y el corazón en punto.

Alta la fe y el corazón
dispuesto,
igual que tantas veces, aquí sigo,
en la esquina del tiempo
—vendrá pronto—
tras un limpio cristal de sol, de lluvia o de aire
acodado en el claro mirador
de los vientos,
mientras pasan y pasan los meses y los días.

I know what it's like to wait . . .

I know what it's like to wait:
I've waited so many
days and for so many things in my life!
The tedious winters waiting,
the summers, beneath the sun,
waiting,
the luminous and yellow autumn—
a lovely season for waiting—
and even
the spring open to every expectation,
closer than ever to being realized,
they've seen me fruitlessly,
but firm,
tenacious, filled with illusions,
in the place and at the hour of the appointment,
my faith high and my heart on target.

My faith high and my heart
ready,
as so many times, I stay here,
at the corner of time—
it will soon come—
behind a clean windowpane of sun, rain, or air,
my elbow on the bright balcony
of the winds,
while the months and the days go on and on.

Ayer

Ayer fue miércoles toda la mañana.
Por la tarde cambió:
se puso casi lunes,
la tristeza invadió los corazones
y hubo un claro
movimiento de pánico hacia los
tranvías
que llevan los bañistas hasta el río.

A eso de las siete cruzó el cielo
una lenta avioneta, y ni los niños
la miraron.
         Se desató
el frío,
alguien salió a la calle con sombrero,
ayer, y todo el día
fue igual,
ya veis,
qué divertido,
ayer y siempre ayer y así hasta ahora,
continuamente andando por las calles
gente desconocida,
o bien dentro de casa merendando
pan y café con leche, ¡qué
alegría!

La noche vino pronto y se encendieron
amarillos y cálidos faroles,
y nadie pudo
impedir que al final amaneciese
el día de hoy,

Yesterday

Yesterday was Wednesday all morning.
In the afternoon it changed:
it became almost Monday,
sadness invaded hearts
and there was a clear
movement of panic toward the
trolleys
that take the swimmers down to the river.

At about seven a small plane slowly
crossed the sky, and not even the children
looked at it.
        Cold
was unleashed,
someone went outdoors wearing a hat,
yesterday, and the whole day
was like that,
you see,
how amusing,
yesterday and still yesterday and so up to now,
unknown people
constantly walking through the streets
or else indoors having snacks of
bread and coffee; how
nice!

Night fell suddenly and they lighted
warm yellow street-lamps,
and nobody could
after all hold off the dawn
of today's day,

tan parecido
pero
¡tan diferente en luces y en aroma!

Por eso mismo,
porque es como os digo,
dejadme que os hable
de ayer, una vez más
de ayer: el día
incomparable que ya nadie nunca
volverá a ver jamás sobre la tierra.

so similar
yet
so different in lights and in fragrance!

For that very reason,
because it's as I tell you,
let me talk to you
about yesterday, once more
about yesterday: the incomparable
day that nobody now will ever
see again upon the earth.

Domingo

Domingo, flor de luz, casi increíble
día. Bajas sobre la tierra
como un ángel inútil y dorado.
Besas
a las muchachas
de turbia cabellera,
vistes de azul marino
a los hombres que te aman, y dejas
en las manos del niño
un aro de madera
o una simple esperanza. Repartes
golondrinas, globos de primavera,
te subes a las torres
y giras las veletas
oxidadas. Tu viento agita faldas
de colores, estremece banderas,
lleva lejos canciones
y sonrisas, y llena
las estancias de polvo plateado.
Los árboles esperan
tu llegada
para cubrirse de gorriones. Sabe más fresca
el agua de las fuentes.
Las campanas dispersan
palomas imprevistas
que vuelan
de otro modo.
No hay nadie que no sepa
que es domingo,
domingo.
        Tu presencia

Sunday

Sunday, flower of light, almost unbelievable
day. You come down upon the earth
like a useless golden angel.
You kiss
the girls
with rumpled hair,
in navy blue you dress
the men who love you, and you leave
in the child's hands
a wooden hoop
or an innocent hope. You hand out
swallows, spring balloons,
you climb up towers
and spin the rusty
weather vanes. Your wind ruffles gay-colored
skirts, ripples flags,
carries off songs
and smiles, and fills
the rooms with silvery dust.
The trees wait for
your arrival
to cover themselves with sparrows. Fountain water
has a fresher taste.
The bells send out
unexpected doves
that fly
otherwise.
There is nobody who doesn't know
that it is Sunday,
Sunday.
        Your foamy

de espuma lava,
eleva,
hace flotar las cosas y los seres
en un nítido cielo que no era
—el lunes—de verdad:
apenas
desteñido papel, vidrio olvidado,
polvo tedioso sobre las aceras...

presence washes,
raises,
floats things and people
in a spotless sky that was—
on Monday—quite unreal:
scarcely faded paper, forgotten bits of glass,
tedious dust upon the sidewalks . . .

El invierno

El invierno
de lunas anchas y pequeños días
está sobre nosotros. Hace tiempo
yo era niño y nevaba mucho,
mucho. Lo recuerdo
viendo a la tierra negra que reposa,
apenas por el hielo
de un charco iluminada.
Es increíble: pero todo esto
que hoy es tierra dormida bajo el frío,
será mañana, bajo el viento,
trigo.
     Y rojas
amapolas. Y sarmientos...

Sin esperanza:
la tierra de Castilla está esperando
—crecen los ríos—
con convencimiento.

Winter

Winter
of broad moons and little days
is upon us. A long time ago
I was a boy and it snowed
and snowed. I remember it,
looking at the black earth resting,
barely lit
by the ice of a pond.
It's unbelievable, but all this
that today is earth asleep beneath the cold,
tomorrow, under the wind, will be
wheat.
      And red
poppies. And vine shoots . . .

Without hope:
the land of Castile is waiting—
the rivers are rising—
with conviction.

Cumpleaños de amor

¿Cómo seré yo
cuando no sea yo?
Cuando el tiempo
haya modificado mi estructura,
y mi cuerpo sea otro,
otra mi sangre,
otros mis ojos y otros mis cabellos.
Pensaré en ti, tal vez.
Seguramente,
mis sucesivos cuerpos
—prolongándome, vivo, hacia la muerte—
se pasarán de mano en mano,
de corazón a corazón,
de carne a carne,
el elemento misterioso
que determina mi tristeza
cuando te vas,
que me impulsa a buscarte ciegamente,
que me lleva a tu lado
sin remedio:
lo que la gente llama amor, en suma.
Y los ojos
—qué importa que no sean estos ojos—
te seguirán a donde vayas, fieles.

Love's Birthday

What will I be like
when I am not I?
When time
has modified my structure,
and my body is another body,
another blood my blood,
other eyes my eyes and other hair my hair.
I shall think of you, perhaps.
Surely
my successive bodies—
prolonging me, living, until death—
will be passed on from hand to hand,
from heart to heart,
from flesh to flesh,
the mysterious element
that determines my sadness
when you go away,
that drives me to seek you blindly,
that takes me inevitably
to your side:
what people call love, in short.
And my eyes—
what does it matter that they will not be these eyes—
will follow you faithfully wherever you go.

Diciembre

Diciembre vino silenciosamente,
estirando las noches hasta casi
juntarlas:
el alba a pocas horas de distancia
del crepúsculo lleno de tristeza,
y un mediodía sin sol,
un mediodía
de pájaros ocultos y apagados
ruidos,.
con bajas nubes grises recibiendo
el sucio impacto de las chimeneas.

Diciembre vino así, como lo cuento
aquel año de gracia del que hablo,
el año aquel de gracia y sueño, leve
soplo de luces y de días,
encrucijada luminosa
de lunas hondas y de estrellas altas,
de mañanas de sol, de tardes tibias
que por el aire se sucedían lentas
como globos brillantes y solemnes.

Pero diciembre vino de ese modo
y cubrió todo aquello de ceniza:
lluvia turbia y menuda,
niebla densa,
opaca luz borrando los perfiles,
espeso frío tenaz que vaciaba
las calles de muchachas
y de música,
que asesinaba pájaros y mármoles

December

December came silently,
stretching out the nights until they almost
touched:
dawn a few hours away
from twilight filled with sadness,
and a sunless noon,
a noon
of hidden birds and stifled
sounds,
with low gray clouds getting
the filthy discharge from the chimneys.

December came like that, as I say, in
that year of grace of which I speak,
that year of grace and dreams, a slight
breath of lights and days,
a shining crossroad
of low moons and lofty stars,
of sunny mornings, of warm afternoons
that followed one another through the air, as slow
as shining and dignified balloons.

But December came like that
and covered everything with ashes:
dingy drizzle,
dense fog,
opaque light blurring outlines,
thick stubborn cold that emptied
the streets of girls
and music,
that murdered birds and statues

en la ciudad sin hojas del invierno.

Pájaros muertos, barro, nieve sucia,
lanzó diciembre sobre el año, y todos
abandonamos en silencio
su ámbito feliz, pisando indiferentes
los restos consumidos de sus cosas,
el envoltorio de sus alegrías,
dejándolo cubierto de papeles
y rotas luces,
oquedad sumergida
en decepción y desfallecimiento,
como la sala de un teatro, cuando
el telón cae, finalizado el drama.

De esa forma dejamos aquel año,
sórdido
recinto
manchado de recuerdos derribados
y deseos oscuros
y nostalgia
—y por qué no también remordimiento—
sin mirar para atrás,
sin querer enterarnos
de su agonía lívida a las puertas de enero.

in the leafless winter city.

Dead birds, mud, dirty snow
December cast upon the year, and we all
silently abandoned
its happy enclosure, treading heedlessly
upon the wasted remains of its things,
the bundle of its joys,
leaving it covered with papers
and broken lights,
hollowness sunken
in disillusion and languor,
like a theater, when
the play is over and the curtain falls.

That's the way we left that year,
sordid
enclosure
stained with demolished memories
and dark desires
and nostalgia—
and why not also remorse—
without looking back,
without wanting to find out
about its livid agony at the gates of January.

Mendigo

Es difícil andar
si se ignoran
las vueltas del camino,
si se duda
la firmeza del suelo que pisamos,
si se teme
que la vereda verdadera
haya quedado atrás,
a la derecha
de aquellos pinos...
                  (...o quién sabe
si perdiéndose en otra primavera,
hace tiempo,
cuando una
cálida brisa me empujó hacia el sur,
y yo pensé:
"el viento quizá sepa,"
y uní a él mi destino,
y seguí andando,
y llegué hasta esta orilla
de mi vida
en donde
—después de tanto esfuerzo—
me he sentado
a recibir
lo que los transeúntes quieran darme.)

—*Una sonrisa para este vagabundo,
caballero.*
        —*Dejad en mis pupilas,
bondadosa señora,*

Beggar

It's hard to move on
if we don't know
the turns in the road,
if we're not sure of
the firmness of the ground we walk on,
if we're afraid
that the right path
was left behind
to the right
of those pine trees . . .
                         (. . . or maybe
getting lost in another spring,
long ago,
when a
warm breeze pushed me toward the south,
and I thought:
"maybe the wind knows,"
and I joined my fate with it,
and I went on walking,
and I reached this shore
of my life
where—
after so much effort—
I have sat down
to accept
anything that passers-by choose to give me.)

A smile for this wanderer,
sir.
                In my eyes,
gracious lady,

algo de la belleza y de la luz
que hay en vuestra mirada también triste.

Lo que los transeúntes quieran darme.

*leave something of the beauty and light
that is in your glance, sad like mine.*

Anything that passers-by choose to give me.

Carta sin despedida

A veces,
mi egoísmo me llena
de maldad,
y te odio casi
hasta hacerme daño
a mí mismo:
son los celos, la envidia,
el asco
al hombre, mi semejante
aborrecible, como yo
corrompido y sin remedio,
mi querido
hermano y parigual en la desgracia.

A veces—o mejor dicho:
casi nunca—,
te odio tanto que te veo distinta.
Ni en corazón ni en alma te pareces
a la que amaba sólo hace un instante,
y hasta tu cuerpo cambia
y es más bello
—quizá por imposible y por lejano.

Pero el odio también me modifica
a mí mismo,
y cuando quiero darme cuenta
soy otro
que no odia,
que ama
a esa desconocida cuyo nombre es el tuyo,
que lleva tu apellido,

Letter without Farewell

At times
my egotism fills me
with evil,
and I hate you so
that I almost do harm
to myself:
it is jealousy, envy,
disgust
for man, my abhorrent
fellow man, like me
corrupt and hopeless,
my beloved
brother and equal in misfortune.

At times—or rather:
once in a while—
I hate you so that I see you as a different person.
Neither in heart nor in soul do you resemble
the person I loved only a moment ago,
and even your body changes
and is more beautiful—
maybe because it's distant and unattainable.

But hatred also modifies
me,
and when I try to understand
I am someone else
who does not hate,
who loves
that unknown woman whose first name is yours,
whose last name is yours,

y tiene,
igual que tú,
largo el cabello.

Cuando sonríes, yo te reconozco,
identifico tu perfil primero,
y vuelvo a verte,
al fin,
tal como eras, como sigues
siendo,
como serás ya siempre, mientras te ame

and who,
just like you,
wears her hair long.

When you smile, I recognize you,
I identify your profile first,
and I see you again,
at last,
just as you were, as you go on
being,
as you will always be, as long as I love you.

Símbolo

Símbolo,
oscuro disfraz
del destino.

Ocho quiere decir:
                    Amor.
Nueve, ¡quién sabe!
Sería preciso
dejar de ser
hombre. Pero
es sabido
—y a todo el mundo consta—
que detrás del color
amarillo
se oculta una traición:
la más frecuente. ¡Cuidado!
Engañan las palabras,
las cifras, los sonidos.
Nada es lo que parece.
El peligro
está detrás de todo.
Haría falta moverse
con mucho
sigilo
para no tropezar
con el hierro
que nos desgarraría el alma fatalmente
El secreto es sencillo:
confianza y desconfianza, olvidar
lo aprendido,
cerrar los ojos si

Symbol

Symbol,
dark disguise
of destiny.

Eight means:
              Love.
Nine, who knows!
One would have
to stop being
a man. But
it is known—
and clear to everybody—
that behind the color
yellow
hides a treachery:
the most frequent one. Beware!
Words deceive,
figures, sounds.
Nothing is what it seems to be.
Danger
lies in back of everything.
We would need to move
with much
stealth
not to stumble
upon the weapon
that would fatally slash our soul.
The secret is simple:
trust and mistrust, forget
what has been learned,
close our eyes if

lo evidente se ensaña
con nosotros, pronunciar las palabras
elementales, llorar
de cuando en cuando, vivir como si nada
hubiese sucedido.

El agua clara significa: espera.
Restos de luz en el atardecer: olvido.

the obvious enrages
us, say the simple
words, weep
from time to time, live as if nothing
had happened.

Clear water means: waiting.
Glimmers of light at dusk: oblivion.

Narración breve

La niña movió el aire con sus labios.
Detrás de los cristales nadie supo
lo que dijo. Era triste
mirar a aquella gente
intentando aclarar una sonrisa.
Y sin embargo estaba todo claro:

la niña
había sonreído simplemente.

Brief Narrative

The girl moved the air with her lips.
Behind the windowpanes no one knew
what she said. It was sad
to look at those people
trying to explain a smile.
And yet it was all so clear:

the girl
had simply smiled.

Entreacto

No acaba aquí la historia.
Esto es sólo
una pequeña pausa para que descansemos.
La tensión es tan grande,
la emoción que desprende la trama es tan
intensa,
que todos,
bailarines y actores, acróbatas
y distinguido público,
agradecemos
la convencional tregua del entreacto,
y comprobamos
alegremente que todo era mentira,
mientras los músicos afinan sus violines.
Hasta ahora hemos visto
varias escenas rápidas que preludiaban muerte,
conocemos el rostro de ciertos personajes
y sabemos
algo que incluso muchos de ellos ignoran:
el móvil
de la traición y el nombre
de quien la hizo.
Nada definitivo ocurrió todavía,
pero
la desesperación está nítidamente
dibujada, y los intérpretes
intentan evitar el rigor del destino
poniendo
demasiado calor en sus exuberantes
ademanes, demasiado carmín en sus sonrisas
falsas,

Intermission

The story does not end here.
This is only
a little pause so that we may rest.
The tension is so great,
the emotion released by the plot is so
intense
that all of us,
dancers and actors, acrobats
and distinguished audience,
give thanks to
the conventional truce of the intermission,
and we happily
agree that it was all a lie,
while the musicians tune their violins.
So far we have seen
several quick scenes that foretold death,
we know the faces of certain characters
and we know
something that many of them even do not know:
the motive
for the betrayal and the name
of the betrayer.
Nothing conclusive has occurred yet,
but
the despair is clearly
outlined and the interpreters
try to avoid the rigors of fate,
putting
too much warmth into their exuberant
gestures, too much crimson on their false
smiles,

con lo que—es evidente—disimulan
su cobardía, el terror
que dirige
sus movimientos en el escenario.
Aquellos
ineficaces y tortuosos diálogos
refiriéndose a ayer, a un tiempo
ido,
completan, sin embargo,
el panorama roto que tenemos
ante nosotros, y acaso
expliquen luego muchas cosas, sean
la clave que al final lo justifique
todo.
No olvidemos tampoco
las palabras de amor junto al estanque,
el gesto demudado, la violencia
con que alguien dijo:
                    "no,"
                            mirando al cielo,
y la sorpresa que produce
el torvo jardinero cuando anuncia:
"Llueve, señores,
llueve
todavía."
Pero tal vez sea pronto para hacer conjeturas:
dejemos
que la tramoya se prepare,
que los que han de morir recuperen su aliento,
y pensemos,
cuando el drama prosiga y el dolor
fingido
se vuelva verdadero en nuestros corazones,
que nada puede hacerse, que está próximo

by which—it is clear—they hide
their cowardice, the terror
that controls
their movements on stage.
Those
ineffective and tortuous dialogues
referring to yesterday, to a vanished
time,
nevertheless complete
the broken panorama that we have
before us, and perhaps
will later explain many things, will be
the key that at the end will justify
it all.
Let us not forget either
the words of love beside the pond,
the disguised expression, the violence
with which someone said:
                     "No,"
                               looking at the sky,
and the surprise produced by
the grim gardener when he announces:
"It is raining, gentlemen,
it is still
raining."
But perhaps it is too soon to make conjectures:
let us have
the stage trick prepared,
let those who are to die catch their breaths,
and let us think,
when the drama continues and the feigned
grief
becomes real in our hearts,
that nothing can be done, that the end

el final que tememos de antemano,
que la aventura acabará, sin duda,
como debe acabar, como está escrito,
como es inevitable que suceda.

is near that we fear in advance,
that the adventure will end, no doubt,
as it must end, as it is written,
as it must inevitably happen.

Pájaro enorme...

Pájaro enorme, abres
tus alas silenciosas
y dejas
que el viento
te eleve.
Tú estás quieto, impasible,
y las ciudades
giran bajo tu vientre, pasan
rápidas, desaparecen por el otro extremo
del horizonte,
rayando
con sus veletas y sus altas cruces
el aire enrojecido de la tarde.
Puro y ajeno espectador,
te basta
con cambiar levemente de postura
para
que el continuo rebaño de montañas,
y bosques,
y ciudades,
se pierda en lentas curvas,
dé vueltas al paisaje
como un río
poderoso y tranquilo
en cuyas aguas navegamos todos
los que te contemplamos desde abajo.
Es el mundo el que pasa:
tú te quedas
inmóvil en lo alto.
Y si pliegas
las alas y desciendes, la corriente

Enormous bird . . .

Enormous bird, you open
your silent wings
and let
the wind
lift you.
You are motionless, impassive,
and the cities
wheel beneath your belly, go by
swiftly, disappear at the other edge
of the horizon,
streaking
the reddened air of the evening
with their weather vanes and their tall crosses.
Pure and alien spectator,
you need only
change posture slightly
for
the endless flock of mountains
and woods
and cities
to become lost in slow curves,
to make the landscape turn
like a powerful
and tranquil river
in whose waters sail all
those of us who watch you from below.
It is the world that goes by:
you remain
motionless on high.
And if you fold
your wings and drop, the current

te arrastra a ti también,
y compartes así
nuestro fugaz destino un solo instante.

drags you, too,
and so for a single moment
you share our fleeting fate.

Piedra rota

Héroe
de las tardes
amarillas,
conductor de brillantes
multitudes, todavía
ayer fuiste aclamado
y gozaste tu gloria
saludando
desde el potro febril de tu alegría.
Entonces no sabías
que el aire que azotaba
tu sudoroso torso,
alzándote en tu triunfo,
perfilando
tu nobleza de estatua viva y pura,
estaba envenenado.
Lo aspiraste hasta el fondo,
ávidamente,
te llenaste
de aire y de luz crepuscular, de densas
sombras
que la noche
anticipaba,
y que pasaron a tus venas
y asomaron
a tus ojos
como reflejo de un presentimiento
que—no obstante—ignoraste.
Ignoraste e ignoras todavía,
hoy—
cuando la angustia te muerde desde dentro

Broken Stone

Hero
of the golden
afternoons,
leader of brilliant
multitudes, just
yesterday you were acclaimed
and you enjoyed your glory,
sending greetings
from the feverish colt of your joy.
You did not then know
that the air that beat upon
your sweat-covered body,
lifting you up in your triumph,
profiling
your nobility like a pure and living statue,
was poisoned.
You breathed it in deeply,
greedily,
you filled yourself
with air and twilight, with dense
shadows
that the night
anticipated,
and that passed into your veins
and peered out
through your eyes
like the reflection of a presentiment
that—notwithstanding—you did not know.
You did not know and you do not know even
today—
when anguish gnaws at you from within,

y tus músculos, laxos e indolentes,
son incapaces de mantener erguida tu estatura—
que el dolor es la parte final de la victoria
y que tu sufrimiento
no es la derrota al fin, sino un triunfo distinto.

and your muscles, lax and lazy,
are unable to hold your body up—
that grief is the final part of victory
and that your suffering
is not final defeat but a clear triumph.

Esperad que llegue

Un día como hoy no malgasteis palabras
conmigo.
Porque la voz humana únicamente
es eficaz si encuentra
el cauce de un oído que quiera interpretarla.

Un hombre dice a otro:
                    —Detente,
                                y quizá
lo detenga.

Pero yo me pregunto:
¿quién le ordena
al viento apaciguarse? ¿Quién puede
decirle al mar que cese en su marea?
¿Quién es capaz de detener de un grito
a una piedra que cae desde lo alto?

Amargo como el mar,
y desatado
igual que un huracán, e irremediable
lo mismo que una piedra en su caída:
así es mi corazón.
                    Luego
dejadme.

Un día como hoy nada es posible,
y si es mi suerte lo que os preocupa
guardad silencio y esperad
que llegue
un nuevo día, con el alma en vilo.

Wait for It to Come

On a day like this don't waste words
on me.
Because the human voice is effective
only if it finds
an ear willing to interpret it.
One man says to another man:
                    "Stop,"
                              and perhaps
he stops him.

But I ask myself:
Who orders
the wind to be calm? Who can
tell the sea to halt its tide?
Whose shout can stop
a stone that's falling from above?

Bitter as the sea,
and as untamed
as a hurricane, and as irreversible
as a falling stone:
so is my heart.
                    So
let me be.

On a day like this nothing is possible,
and if what worries you is my fate,
keep your silence and wait
for the coming of
a new day, with your soul in suspense.

Estío en Bidonville

Languidez de las cosas subalternas,
inútiles objetos, olvidados,
grises
plataformas del polvo
cotidiano,
sucios cristales ante turbios cielos,
contra los que los gatos
mayan, duermen, se aburren,
paseando
su felino desdén, su desenfado
torvo, su angulosa
y erizada estructura, en el tejado
musgoso y apacible como
un prado.

Allí, en esa silla baja, es donde
el niño
     cojo
          se ha sentado
para ver las palomas...
—¿Qué palomas? No es cierto.
Yo estaba equivocado:
para ver
los papeles oscuros casi blancos
izados por el viento,
levantados
—lloverá—en un remedo
de vuelo sucio, inútil, fracasado.

Para ver a la cabra comeárboles
atada a un árbol carcomido y lacio,

Summer in the Slums

Languor of minor matters,
useless objects, forgotten,
gray
platforms of daily
dust,
dirty windowpanes facing muddy skies,
against which cats
meow, nap, are bored,
parading
their feline scorn, their fierce
effrontery, their angular
and bristly form, on the rooftop
as mossy and peaceful
as a meadow.

There, in that low chair, is where
the lame
        boy
              sat
to watch the doves . . .
"Doves? What do you mean?"
Excuse me:
to watch
the off-white bits of paper
puffed by the wind,
lifted up—
it's going to rain—in a mockery
of dirty, useless, defeated flight.

To see the tree-eating goat
tied to a withered worm-eaten tree,

para gustar el polvo en la saliva,
para oir a los grillos enjaulados
en su cárcel de alambre y de madera,
para cerrar los ojos deslumbrados
ante el destello súbito y violento
del sol en vidrios rotos reflejado,
para sentir las uñas de la tarde
clavándose en sus leves, blancos párpados,
y abrir después los ojos, y...

      Silencio.
La ciudad rompe contra el campo
dejando en sus orillas amarillas,
en el polvo de hoy que será barro
luego,
los miserables restos de un naufragio
de colosales dimensiones: miles
de hombres sobreviven. Enseres y artefactos
—como ellos rotos, como ellos
oxidados—
flotan aquí y allá, o bien reposan
igual que ellos, salvados
hoy por hoy—¿sólo hoy?—, sobre esta tierra.

Mañana es un mar hondo que hay que cruzar a nado

to taste dust in our spittle,
to hear the caged crickets
in their jail of wire and wood,
to close our dazzled eyes
before the sudden and violent glare
of the sun reflected on broken glass,
to feel the fingernails of evening
clutching at our thin, white eyelids,
and then to open our eyes and . . .
                              Silence.
The city breaks against the countryside,
leaving on its yellow shores,
in today's dust that will later be
mud,
the wretched remains of a shipwreck
of colossal proportions: thousands
of men survive. Tools and utensils—
broken like them and like them
rusted—
float here and there, or else lie
like them, saved
right now—only for now?—upon this earth.

Tomorrow is a deep sea across which we must swim.

Prueba

De todas formas, tengo todavía
este papel,
la pluma
y la mano derecha que la aprieta,
y el brazo que la liga con el cuerpo
para que no se quede
—tan distante y lejana—
como un desarraigado objeto extraño
—cinco dedos moviéndose,
marchando
por el suelo,
igual que un sucio
animal acosado por la escoba...

Esto es algo,
repito,
si se tiene
en cuenta
esa admirable prueba de la existencia de Dios
constituida
por el perfecto funcionamiento de mis centros nerviosos
que transmiten las órdenes que emite mi cerebro
a las costas lejanas de mis extremidades.

Pienso:
      la tarde muere,
y mi mano escribe:
      la tarde
muere.
    Ergo Dios existe.

Proof

At any rate, I still have
this sheet of paper,
the pen
and the right hand that grasps it,
and the arm that joins it to the body
so that it will not be left—
so distant and far away—
like a strange, uprooted object—
five fingers moving,
crawling
on the floor,
like a filthy
animal pursued by the broom . . .

This is something,
I repeat,
if one keeps
in mind
that admirable proof of the existence of God
that consists of
the perfect functioning of my central nervous system
that transmits the orders sent out by my brain
to the far-off coasts of my extremities.

I think:
  the afternoon is dying,
and my hand writes:
    the afternoon
is dying.
  Ergo God exists.

Qué fácil es, ahora,
integrarse en un mundo ordenado y perfecto,
cuando se dispone de una mano tan valiosa,
tan materia de prueba,
tan cuerpo de delito.
¡Mano, frótame la cabeza!
Mano, acércame
la silla. Desabróchale
el corsé a esa muchacha
—y tú, la otra, no te quedes quieta.
Coge
todo el dinero, mano:
incendia,
mata.

Por lo tanto,
se prueba una vez más,
como decía,
el orden natural y preexistente,
la armónica hermosura de las cosas.

How easy it is, now,
to merge into an ordered and perfect world,
when one has at one's disposal a hand so worthy,
such tested material,
such a corpus delicti.
Hand, rub my head!
Hand, bring up
my chair. Unfasten
that girl's bra—
and you, the other one, don't be idle.
Grab
all the money, hand:
burn,
kill.

Therefore,
one proves once again,
as I was saying,
the natural and pre-existent order,
the harmonious beauty of things.

Me basta así

Si yo fuese Dios
y tuviese el secreto,
haría
un ser exacto a ti;
lo probaría
(a la manera de los panaderos
cuando prueban el pan, es decir:
con la boca),
y si ese sabor fuese
igual al tuyo, o sea
tu mismo olor, y tu manera
de sonreir,
y de guardar silencio,
y de estrechar mi mano estrictamente,
y de besarnos sin hacernos daño
—de esto sí estoy seguro: pongo
tanta atención cuando te beso—;
                            entonces,

si yo fuese Dios,
podría repetirte y repetirte,
siempre la misma y siempre diferente,
sin cansarme jamás del juego idéntico,
sin desdeñar tampoco la que fuiste
por la que ibas a ser dentro de nada;
ya no sé si me explico, pero quiero
aclarar que si yo fuese
Dios, haría
lo posible por ser Ángel González
para quererte tal como te quiero,

That Is Enough for Me

If I were God
and had the secret
I would create
a person just like you;
I would test it
(the way bakers do
when they test bread, that is:
with their mouths),
and if that taste were
the same as yours, that is,
your own smell, and your way
of smiling,
and of being silent,
and of holding my hand tightly,
and of kissing each other without hurting—
and I *am* sure of that: I'm
so careful when I kiss you—
                        then,

if I were God
I could duplicate you over and over,
always the same and always different,
without ever getting tired of the same game,
or without scorning the one you were
for the one you were going to be in just a moment;
I don't know if I'm making myself clear, but I want
to explain that if I were
God, I would do everything
possible to be Ángel González,
to love you just as I love you,
to wait calmly

para aguardar con calma
a que te crees tú misma cada día,
a que sorprendas todas las mañanas
la luz recién nacida con tu propia
luz, y corras
la cortina impalpable que separa
el sueño de la vida,
resucitándome con tu palabra,
Lázaro alegre,
yo,
mojado todavía
de sombras y pereza,
sorprendido y absorto
en la contemplación de todo aquello
que, en unión de mí mismo,
recuperas y salvas, mueves, dejas
abandonado cuando—luego—callas...
(Escucho tu silencio.
                      Oigo
constelaciones: existes.
                      Creo en ti.
                            Eres.
                                Me basta.)

until you create yourself each day,
until each morning you surprise
the newborn light with your own
light, and draw
the impalpable curtain that separates
dream from life,
bringing me to life with your word,
happy Lazarus,
I,
still moist
with shadows and laziness,
surprised and absorbed
in the contemplation of everything
that, in union with myself,
you recover and save, you move, you leave
abandoned when—later—you keep silent . . .
(I listen to your silence.
     I hear
constellations: you exist.
      I believe in you.
        You are.
        It is enough for me.)

Las palabras inútiles

Aborrezco este oficio algunas veces:
espía de palabras, busco,
busco
el término huidizo,
la expresión inestable
que signifique, exacta, lo que eres.

Inmóvil en la nada, al margen
de la vida, hundido
en un denso silencio sólo roto
por el batir oscuro de mi sangre,
busco,
busco aquellas palabras
que no existen
—quizá sirvan: *delicia de tu cuello. . .*—,
que te acosan y mueren sin rozarte,
cuando lo que quisiera
es llegar a tu cuello
con mi boca
—. . .o acaso: *increíble sonrisa que he besado*—,
subir hasta tu boca
con mis labios,
sujetar con mis manos tu cabeza
y ver
allá en el fondo de tus ojos,
instantes antes de cerrar los míos,
paz verde y luz dormida,
claras sombras
        —tal vez
fuera mejor decir: *humo en la tarde,*
borrosa música que llueve del otoño,

Useless Words

At times I hate this trade:
a word spy, I hunt,
hunt for
the furtive term,
the unstable expression
that means exactly what you are.

Motionless in the void, at the edge
of life, sunken
in a dense silence broken only
by the dark throbbing of my blood,
I hunt,
hunt for those words
that don't exist—
maybe these will serve: *the delight of your throat* . . .—
that pursue you and die without touching you,
when what I should like
is to reach your throat
with my mouth—
or perhaps: *unbelievable smile that I have kissed*
go up to your mouth
with my lips,
hold your head between my hands
and see
down there in the depths of your eyes,
an instant before I close my own,
green peace and sleeping light,
bright shadows—
                perhaps
it would be better to say: *evening smoke,*
faint music that autumn rains down;

niebla que cae despacio sobre un valle—
avanzando hacia mí,
girando,
penetrándome
hasta anegar mi pecho y levantar
mi corazón salvado, ileso, en vilo
sobre la leve espuma de la dicha.

fog falling slowly upon a valley—
advancing toward me,
spinning,
piercing me
until it floods my breast and lifts
my heart redeemed, unharmed, suspended
above the faint foam of happiness.

Inventario de lugares propicios al amor

Son pocos.
La primavera está muy prestigiada, pero
es mejor el verano.
Y también esas grietas que el otoño
forma al interceder con los domingos
en algunas ciudades
ya de por sí amarillas como plátanos.
El invierno elimina muchos sitios:
quicios de puertas orientadas al norte,
orillas de los ríos,
bancos públicos.
Los contrafuertes exteriores
de las viejas iglesias
dejan a veces huecos
utilizables aunque caiga nieve.
Pero desengañémonos: las bajas
temperaturas y los vientos húmedos
lo dificultan todo.
Las ordenanzas, además, proscriben
la caricia (con exenciones
para determinadas zonas epidérmicas
—sin interés alguno—
en niños, perros y otros animales)
y el "no tocar, peligro de ignominia"
puede leerse en miles de miradas.
¿A dónde huir, entonces?
Por todas partes ojos bizcos,
córneas torturadas,
implacables pupilas,

Inventory of Places Propitious for Love

There aren't many.
Spring is highly esteemed, but
summer is better.
And also those crevices that autumn
makes when it intercedes with Sundays
in some cities
that are already as yellow as bananas.
Winter rules out many places:
door frames facing north,
river banks,
public benches.
Buttresses outside
old churches
sometimes leave usable
hollows even if snow is falling.
But let's not fool ourselves: low
temperatures and damp winds
make everything difficult.
Besides, the regulations forbid
fondling (except for
predetermined areas of the epidermis—
of no interest at all—
in children, dogs, and other animals)
and the "do not touch, under peril of disgrace"
can be read in thousands of glances.
So where does one escape to?
Everywhere squinting eyes,
tortured corneas,
implacable pupils,

retinas reticentes,
vigilan, desconfían, amenazan.
Queda quizá el recurso de andar solo,
de vaciar el alma de ternura
y llenarla de hastío e indiferencia,
en este tiempo hostil, propicio al odio.

reticent retinas,
are on guard, suspicious, threatening.
One has perhaps the option of going it alone,
of emptying one's soul of tenderness
and filling it with boredom and indifference,
in this hostile time, propitious for hatred.

Plaza con torreones y palacios

Como un estanque sucio,
el tiempo
cubrió con su agua turbia las palabras,
los discursos, las frases
cargadas de propósitos sinceros.
Hubo más que palabras, ciertamente.
Pero ahora
sólo quedan los muros,
impasibles testigos de esa historia
y de otras muchas más,
también pasadas.
El sol
dora los contrafuertes exteriores,
purifica las piedras y los vidrios,
resbala por las cúpulas, resurge
debajo de los arcos. Está
vacía la plaza,
crepuscular y clara,
llena de un aire limpio
de voces y de gestos.

Y sin embargo,
cuánta voz gritaría si pudiese,
cuánta sangre
—menos odiosa que esta indiferencia—
mancharía de rojo las paredes.

Respirando aquí el aire de la tarde,
oyendo así el silencio,
y recordando,

Square with Towers and Palaces

Like a dirty pond,
time
with its muddy water covered the words,
the speeches, the phrases
laden with sincere proposals.
Surely there was more than words.
But now
only the walls are left,
insensitive witnesses of that history
and of many others,
also past.
The sun
gilds the buttresses,
purifies the stones and the windows,
slips across the domes, reappears
beneath the arches. The square
is empty,
twilit and clear,
filled with an air free
of voices and gestures.

And yet,
how much voice it would pour forth if it could,
how much blood—
less hateful than this indifference—
would stain the walls with red.

Here, breathing the evening air,
listening to the silence
and remembering,

la vida es —o parece—
más absurda e irreal, más insensata.
¿Quién lo diría, ayer? Sin duda, entonces,
muchos.
        Hoy ya nadie.
                Silencio:
un murmullo de hojas
pasa de árbol a árbol
empujado hacia el campo por el viento.

life is—or seems to be—
more absurd and unreal, more senseless.
Who would have said it yesterday? No doubt,
many would have, then.
                        Today not one.
                                    Silence:
a rustle of leaves
passes from tree to tree
pushed toward the field by the wind.

Preámbulo a un silencio

Porque se tiene conciencia de la inutilidad de tantas cosas
a veces uno se sienta tranquilamente a la sombra de un árbol—
　　en verano—
y se calla.

(¿Dije tranquilamente?: falso, falso:
uno se sienta inquieto haciendo extraños gestos,
pisoteando las hojas abatidas
por la furia de un otoño sombrío,
destrozando con los dedos el cartón inocente de una caja
　　de fósforos,
mordiendo injustamente las uñas de esos dedos,
escupiendo en los charcos invernales,
golpeando con el puño cerrado la piel rugosa de las casas
　　que permanecen indiferentes al paso de la primavera,
una primavera urbana que asoma con timidez los flecos de
　　sus cabellos verdes allá arriba,
detrás del zinc oscuro de los canalones,
levemente arraigada a la materia efímera de las tejas a punto
　　de ser polvo.)
Eso es cierto, tan cierto
como que tengo un nombre con alas celestiales,
arcangélico nombre que a nada corresponde:
Ángel,
me dicen,
y yo me levanto
disciplinado y recto
con las alas mordidas
—quiero decir: las uñas—
y sonrío y me callo porque, en último extremo,
uno tiene conciencia
de la inutilidad de todas las palabras.

Preamble to Silence

Because one is conscious of the uselessness of so many things
at times one sits calmly in the shade of a tree—
   in the summer—
and is silent.

(Did I say "calmly?" false, false:
one sits anxiously making strange faces,
trampling the leaves blown down
by the fury of a dark autumn,
crumbling in his fingers the innocent cardboard of a
   matchbox,
unjustly biting the nails of those fingers,
spitting into wintry puddles,
striking with clenched fist the wrinkled skin of the houses that
   remain indifferent to the passage of spring,
a city spring that timidly reveals the fringes of her hair
   up there,
behind the dark zinc of the gutters,
lightly rooted to the ephemeral substance of the tiles about
   to be dust.)
That is true, as true
as that I have a name with celestial wings,
an archangelic name that corresponds to nothing:
Ángel,
they call to me,
and I stand up,
disciplined and erect,
with my bitten wings—
I mean my nails—
and I smile and I am silent because sooner or later
one is conscious
of the uselessness of all words.

Vals de atardecer

A Carlos Bousoño

Los pianos golpean con sus colas
enjambres de violines y de violas.
Es el vals de las solas
y solteras,
el vals de las muchachas casaderas,
que arrebata por rachas
su corazón raído de muchachas.

A dónde llevará esa leve brisa,
a qué jardín con luna esa sumisa
corriente
que gira de repente
desatando en sus vueltas
doradas cabelleras, ahora sueltas,
borrosas, imprecisas
en el río de música y metralla
que es un vals cuando estalla
sus trompetas.

Todavía inquietas,
vuelan las flautas hacia el cordelaje
de las arpas ancladas en la orilla
donde los violoncelos se han dormido.
Los oboes apagan el paisaje.
Las muchachas se apean en sus sillas,
se arreglan el vestido
con manos presurosas y sencillas,
y van a los lavabos, como después de un viaje.

Evening Waltz

To Carlos Bousoño

With their tails the pianos slap
swarms of violins and violas.
It's the waltz of the waifs,
the unmarried girls,
the waltz of the nubile girls
that carries off in squalls
its girl-frayed heart.

Where will that soft breeze lead,
to what moonlit garden that submissive
current
that suddenly swirls,
freeing in its turns
golden tresses, now loose,
blurred, vague
in the river of music and shrapnel
that a waltz becomes when it bursts its trumpets
in the air.

Still uneasy,
the flutes fly toward the strings
of the harps anchored on the shore
where the cellos have gone to sleep.
The oboes blot out the landscape.
The girls stand up at their seats,
adjust their clothing
with plain and hasty hands,
and go to the ladies room, as if at the end of a trip.

Tango de madrugada

El bandoneón recorre
estremecidamente
escotes y columnas vertebrales.
Aprisionado por guitarras de amplio radio,
por profundas y agónicas guitarras,
el bandoneón estira
su indolencia y su ronca
sonoridad marina trasplantada.

Hay un instante frívolo
cuando baila la gente.
Hay un momento turbio
en el que desfallezco.
Hay un minuto roto
en el que todo es llanto.

Por detrás del violín apunta la esperanza:
una leve esperanza densamente imposible.
Sé que no has de volver.
La mujer canta.
*Sé que no has
de volver.* La noche
sigue. *Sé
que no has de volver.*
                        La canción huye,
borracha y sollozante,
hacia la calle,
donde el duro reflejo de unos vidrios helados
la rechaza y la triza contra el suelo.

Tango of the Dawn

The accordion ranges
vibrantly over
bare bosoms and spinal columns.
Imprisoned by amplified guitars,
by deep-voiced and dying guitars,
the accordion stretches out
its indolence and its hoarse
transplanted sea sonority.

There is a frivolous moment
when people dance.
There is a muddled moment
when I grow faint.
There is a broken minute
when everything is weeping.

Behind the violin hope takes aim:
a slight hope densely impossible.
I know you'll never come back.
The woman sings.
*I know you'll
never come back.* The night
goes on. *I know
you'll never come back.*
                    The song flees,
drunken and sobbing,
toward the street,
where the harsh reflection of some frozen windowpanes
rejects it and dashes it against the ground.

Canción para cantar una canción

Esa música. . .
insiste, hace daño
en el alma.
Viene tal vez de un tiempo
remoto, de una época imposible
perdida para siempre.
Sobrepasa los límites
de la música. Tiene materia,
aroma, es como polvo de algo
indefinible, de un recuerdo
que nunca se ha vivido,
de una vaga esperanza irrealizable.
Se llama simplemente:
canción.

Pero no es sólo eso.

Es también la tristeza.

Song to Sing a Song

That music . . .
insistent, it troubles
the heart.
Maybe it comes from a remote
time, from an impossible epoch
forever lost.
It exceeds the bounds
of music. It has substance,
smell, it's like the dust of something
indefinable, of a memory
that has never happened,
of a vague unrealizable hope.
It's called simply:
song.

But it's not just that.

It's also sadness.

Qué le vamos a hacer

Y ahora,
con el alma vacía como tantas
veces,
contemplo el lento paso de los días
que me empujan no sé hacia qué destino
oscuro, presentido
ya sin curiosidad. Es aburrido
saber y no saber, equivocarse
y acertar. También estar seguro
es tan insoportable en muchos casos
como dudar, como ceder, como desmoronarse.

Seguro, a salvo, ahora
que ya pasó el dolor,
observo la zozobra lo mismo que una estela
fundida a mis espaldas
con el espeso limo
de los sucesos cotidianos, dados
—antes de ser recuerdos—al olvido.
La indiferencia ante la propia suerte
no es mejor compañera que la angustia,
ni mi sonrisa
(cuando el azar nos pone,
                      viejo amor,
                              frente a frente)
representa otra cosa que la ausencia
de algún gesto más justo
para significar la seca, dolorosa,
irreparable pérdida del llanto.

It's Hopeless

And now,
with my heart empty, as it
so often is,
I watch the slow passage of the days
that push me toward I know not what dark
destiny, foreseen
now without curiosity. It is boring
to know and not to know, to be wrong
and to be right. Also to be certain
is as unbearable in many cases
as to doubt, to yield, to crumble.

Certain, safe, now
that the grief is past,
I watch the foundering like a ship's wake
joined behind me
with the thick slime
of daily deeds, given over—
before being memories—to oblivion.
Indifference toward one's own fate
is no better companion than anguish,
nor does my smile
(when chance places us,
                    my old love,
                                face to face)
mean anything but the absence
of some more exact expression
to signify the dry, sorrowful,
irreparable loss of tears.

Letra para cantar un día domingo

Y a última hora no quedaba nada:
ni siquiera las hojas de los árboles
—acacias—, ni el viento de la tarde,
ni la alegría, ni la desesperanza.
La caricia que pudo haber rozado
aquella piel no se produjo, porque
aquella piel no era la tuya,
ni los ojos
que me miraban eran
tus ojos, ni el deseo
—que en otro tiempo hubiera sido
suficiente—
tenía sentido, desviado
del cauce de ti misma.

A última hora había pasado un día,
y al sentirlo hecho sombra, y polvo, y nada,
comprendí que la luz que había llenado
sus horas,
y todas las palabras
que ocuparon mi boca, y los gestos
de mis manos,
y la fatalidad de mis designios,
y las calles que anduve paso a paso,
y el vino que bebí, y la alegría
de saber que existías en el mismo
instante,
no eran sólo el fracaso repetido
del Día del Señor, sino que eran
un día más sin ti:
comprendí con dolor que jamás, nunca

Words to Be Sung on a Sunday

And at the last moment nothing was left:
not even the leaves of the trees—
acacias—nor the evening wind,
nor happiness, nor despair.
The caress that might have brushed
that skin was not given, because
that skin was not your skin,
nor were the eyes
that looked at me
your eyes, nor did the desire—
which would at another time have been
sufficient—
make sense, diverted
from your own stream.

At the last moment a day had gone by,
and as I felt it become shadow, and dust, and nothing,
I understood that the light that had filled
its hours,
and all the words
that filled my mouth, and the gestures
of my hands,
and my ill-fated plans,
and the streets that I walked step by step,
and the wine that I drank, and the joy
of knowing that you existed at the same
moment,
were not only the repeated failure
of the Lord's Day but were
one day more without you:
I understand to my sorrow that never, not ever

para mí habría domingos ni esperanza
fuera de tu mirada y tu sonrisa,
lejos de tu presencia tibia y clara.

would there be for me Sundays or hope
apart from your look and your smile,
away from your warm, bright presence.

Ciudad cero

*A Benigno Canal, y Paco Ignacio
y Amaro Taibo, amigos de aquellos días
y de siempre*

Una revolución.
Luego una guerra.
En aquellos dos años—que eran
la quinta parte de toda mi vida—,
yo había experimentado sensaciones distintas.
Imaginé más tarde
lo que es la lucha en calidad de hombre.
Pero como tal niño,
la guerra, para mí, era tan sólo:
suspensión de las clases escolares,
Isabelita en bragas en el sótano,
cementerios de coches, pisos
abandonados, hambre indefinible,
sangre descubierta
en la tierra o las losas de la calle,
un terror que duraba
lo que el frágil rumor de los cristales
después de la explosión,
y el casi incomprensible
dolor de los adultos,
sus lágrimas, su miedo,
su ira sofocada,
que, por algún resquicio,
entraban en mi alma
para desvanecerse luego, pronto,
ante uno de los muchos
prodigios cotidianos: el hallazgo

Zero City

*To Benigno Canal and Paco Ignacio
and Amaro Taibo, friends of those days
and forever*

A revolution.
Then a war.
In those two years, which were
a fifth of my whole life,
I had mixed feelings.
Later on I imagined,
being a man, what conflict is like.
But since I was then a child,
war, for me, was nothing but
a suspension of classes,
Isabelita in the cellar in diapers,
automobile graveyards, abandoned
apartments, an indefinable hunger,
blood found
on the ground or the paving stones,
a terror that lasted
as long as the delicate tinkle of the windowpanes
after the explosion,
and the almost incomprehensible
grief of the grownups,
their tears, their fear,
their smothered rage
that through some crack
entered my soul
to vanish then, swiftly,
in the face of one of the many
daily marvels: the finding

de una bala aún caliente,
el incendio
de un edificio próximo,
los restos de un saqueo
—papeles y retratos
en medio de la calle...

Todo pasó,
todo es borroso ahora, todo
menos eso que apenas percibía
en aquel tiempo
y que, años más tarde,
resurgió en mi interior, ya para siempre:
este miedo difuso,
esta ira repentina,
estas imprevisibles
y verdaderas ganas de llorar.

of a still warm bullet,
the burning
of a nearby building,
the remains of a looting,
papers and portraits
in the middle of the street . . .

It's all gone,
it's all blurred now, all
except for what I scarcely noticed
at the time
and what, years later,
surged up again inside of me, now for always:
this pervading fear,
this sudden rage,
this unpredictable
and deep desire to weep.

Primera evocación

Recuerdo
bien
a mi madre.
Tenía miedo del viento,
era pequeña
de estatura,
la asustaban los truenos,
y las guerras
siempre estaba temiéndolas
de lejos,
desde antes
de la última ruptura
del Tratado suscrito
por todos los ministros de asuntos exteriores.

Recuerdo
que yo no comprendía.
El viento se llevaba
silbando
las hojas de los árboles,
y era como un alegre barrendero
que dejaba las niñas
despeinadas y enteras,
con las piernas desnudas e inocentes.

Por otra parte, el trueno
tronaba demasiado, era imposible
soportar sin horror esa estridencia,
aunque jamás ocurría nada luego:
la lluvia se encargaba de borrar
el dibujo violento del relámpago

First Evocation

I remember
my mother
well.
She was afraid of the wind,
she was small-
bodied,
thunder frightened her,
and the wars,
she was always fearing them
from far away,
since before
the last breaking
of the treaty signed
by all the secretaries of state.

I remember
that I didn't understand.
The whistling wind
swept
the leaves from the trees
and it was like a merry sweeper
that left the girls
tousled and firm
with bare and innocent legs.

On the other hand, the thunder
thundered too much, it was impossible
to endure that stridency without horror,
though nothing ever happened afterwards:
the rain would take charge of erasing
the lightning's violent outline

y el arco iris ponía
un bucólico fin a tanto estrépito.

Llegó también la guerra un mal verano.
Llegó después la paz, tras un invierno
todavía peor. Esa vez, sin embargo,
no devolvió lo arrebatado el viento.
Ni la lluvia
pudo borrar las huellas de la sangre.
Perdido para siempre lo perdido,
atrás quedó definitivamente
muerto lo que fue muerto.

Por eso (y por más cosas)
recuerdo muchas veces a mi madre:

cuando el viento
se adueña de las calles de la noche,
y golpea las puertas, y huye, y deja
un rastro de cristales y de ramas
rotas, que al alba
la ciudad muestra desolada y lívida;

cuando el rayo
hiende el aire, y crepita,
y cae en tierra,
trazando surcos de carbón y fuego,
erizando los lomos de los gatos
y trastocando el norte de las brújulas;

y, sobre todo, cuando
la guerra ha comenzado,
lejos—nos dicen—y pequeña
—no hay por qué preocuparse—, cubriendo
de cadáveres mínimos distantes territorios,
de crímenes lejanos, de huérfanos pequeños.

and the rainbow would put
a bucolic end to so much racket.

One evil summer war also came.
Then came peace, after a winter that was
even worse. That time, however,
the wind did not bring back what it had swept away.
Nor could the rain
wipe away the traces of the blood.
What was lost was lost forever,
what was dead stayed dead
for all eternity.

For that and for other reasons
I often remember my mother:

when the wind
takes possession of the streets of night
and beats upon the doors, and flees, and leaves
a trail of windowpanes and broken
branches, which the city,
desolate and livid, displays at dawn:

when the lightning bolt
splits the air, and crackles,
and drops to the earth,
tracing coal-black furrows of fire,
making cats' backs bristle,
and upsetting the magnetic north;

and, above all, when
the war has begun,
far away—we're told—and a little one—
nothing to worry about—covering
distant lands with tiny corpses,
far-off crimes, small orphans . . .

Siempre lo que quieras

Cuando tengas dinero regálame un anillo,
cuando no tengas nada dame una esquina de tu boca,
cuando no sepas qué hacer vente conmigo
—pero luego no digas que no sabes lo que haces.

Haces haces de leña en las mañanas
y se te vuelven flores en los brazos.
Yo te sostengo asida por los pétalos,
como te muevas te arrancaré el aroma.

Pero ya te lo dije:
cuando quieras marcharte esta es la puerta:
se llama Ángel y conduce al llanto.

Whatever You Want

When you have money, buy me a ring,
when you have nothing, give me a corner of your mouth,
when you don't know what to do, come with me—
but afterwards don't say you don't know what you're doing.

You fashion fagots of firewood in the morning
and they turn to flowers in your arms.
I hold you up grasping your petals,
if you move I'll take away your perfume.

But I've already told you:
whenever you want to leave, this is the door:
its name is Ángel and it leads to tears.

Así nunca volvió a ser

Como llevaba trenza
la llamábamos trencita en la tarde del jueves.
Jugábamos a montarnos en ella y nos llevaba
a una extraña región de la que nunca
   volveríamos.

Porque es casi imposible abandonar
aquel olor a tierra de su cabello sucio,
sus ásperas rodillas todavía con polvo
y con sangre de la última caída
y, sobre todo,
la nacarada nuca donde se demoraban
unas gotas de luz cuando ya luz no había.
Allí me dejó un día de verano
y jamás regresó
a recoger mi insomne pensamiento
que desde entonces vaga por sus brazos
corrigiendo su ruta, terco y contradictorio,
lo mismo que una hormiga que no sabe salir
de la rama de un árbol en el que se ha perdido.

It Was Never the Same Again

She wore braids and so
we called her Braidie those holiday afternoons.
We used to play riding her and she led us off
to a strange region from which we would never
   come back.

For it is almost impossible to forget
that earthy smell of her dirty hair,
her sharp knees still covered with dust
and blood from the last time she fell
and, above all,
her pearly neck on which there were still
some drops of light when there was no longer any light.
There she left me one summer day
and she never came back
to gather up my sleepless thought
that ever since has wandered through her arms
changing its path, stubborn and contrary,
like an ant that cannot find its way out
of the branch of a tree where it is lost.

Empleo de la nostalgia

A Carlos Barral

Amo el campus
universitario,
sin cabras,
con muchachas
que pax
pacem
en latín,
que meriendan
pas pasa pan
con chocolate
en griego,
que saben lenguas vivas
y se dejan besar
en el crepúsculo
(también en las rodillas)
y usan
la coca cola como anticonceptivo.

    Ah las flores marchitas de los libros de
       texto
finalizando el curso
    deshojadas
cuando la primavera
se instala
en el culto jardín del rectorado
    por manos todavía adolescentes
y roza con sus rosas
    manchadas de bolígrafo y de tiza
el rostro ciego del poeta
    transustanciándose en un olor agrio
    a naranjas

The Uses of Nostalgia

To Carlos Barral

I love the university
campus,
without goats,
with girls
who pax
pacem
in Latin,
who lunch
πας, πασα, πᾶν
on chocolate
in Greek,
who know modern languages
and let themselves be kissed
upon the coming of night
(and also upon the knees)
and use
coca cola as a contraceptive.

    Ah the faded flowers in the textbooks
ending the year
    stripped of their leaves
when spring
takes up residence
in the elegant garden of the president's house
    by still adolescent hands
and showers with its flowers
    stained with ball-point pen and chalk
the blind face of the poet
    transubstantiated into a sour smell
    of oranges

Homero
> *o semen...*

Todo eso será un día
materia de recuerdo y de nostalgia.
Volverá, terca, la memoria
una vez y otra vez a estos parajes,
lo mismo que una abeja
da vueltas al perfume
de una flor ya arrancada:

inútilmente.

> *Pero esa luz no se extinguirá nunca:*
> *llamas que aún no consumen,*

...ningún presentimiento
puede quebrar las risas
> *que iluminan*
> *las rosas y los cuerpos*

y cuando el llanto llegue
> *como un halo*

los escombros
la descomposición
> *que los preserva entre las sombras*
> *puros*

no prevalecerán
serán más ruina
> *absortos en sí mismos*

y sólo erguidos quedarán intactos
todavía más brillantes
> *ignorantes de sí*

esos gestos de amor...
> *sin ver más nada.*

Homer
>	*or semen . . .*

All that will some day be
food for recollection and nostalgia.
Memory will stubbornly return
again and again to those places,
just as a bee
flies around the perfume
of a flower already plucked:

in vain.

>	*But that light will never go out:*
>	*flames that do not yet consume,*
. . . no foreboding
can interrupt the laughs
>	*that illumine*
>	*roses and bodies*
and when tears come
>	*like a halo*
the debris
the decomposition
>	*that keeps them pure*
>	*among the shadows*
will not prevail
will be more ruin
>	*absorbed in themselves*
and they alone will remain, upright, intact,
still more brilliant
>	*ignorant of themselves*
those expressions of love . . .
>	*without seeing anything anymore.*

Quinteto enterramiento para cuerda en cementerio y piano rural

El primer violín canta
en lo alto del llanto
igual que un ruiseñor sobre un ciprés.

Como una mariposa,
la viola apenas viola
el reposo del aire.

Cruza el otro violín a ras del *cello*,
semejante a un lagarto
que entre dos manchas verdes
deja sólo el recuerdo de la luz de su cola.

Piano negro,
féretro entreabierto:
¿quién muere ahí?

Sobre los instrumentos
los arcos
dibujan lentamente
la señal de la cruz
casi en silencio.

Pianista enlutado
que demoras los dedos
en una frase grave, lenta, honda:
todos
te acompañamos en el sentimiento.

Funeral Quintet for Graveyard Strings and Country Piano

The first violin sings
at the crest of the weeping
like a nightingale up in a cypress tree.

Like a butterfly
the viola scarcely violates
the air's repose.

The other violin crosses level with the cello,
just like a lizard
that leaves between two green splotches
only the memory of the light of its tail.

Black piano,
coffin ajar:
who is dying in there?

Over the instruments
the bows
slowly trace
the sign of the cross
almost in silence.

Pianist in mourning,
you who retard your fingers
in a solemn, slow, deep phrasing:
we all
accompany you in spirit.

Realismo mágico

A Emilio Sanz de Soto

Ese medium marica
                (y si lo llamo
así, no es porque fuese
un poco afeminado—que lo era—,
sino porque, además de otros contactos,
tenía relación con los espíritus.
Pero en fin, a lo nuestro:)
ese marica y medium me predijo
con ayuda del naipe
las peores desgracias para agosto.
Y realmente acertó.
                El as de bastos
reafirmó con su oscura contundencia
las raras conjunciones
de las espadas con las copas,
urdidas
para mi desventura
por el azar quizá o por el destino.
En resumen
salió torcido el mes, salió insidioso,
desviando
por rutas todavía más siniestras
el curso de los meses anteriores.
No me atrevo a decir
que ya nada peor puede ocurrirme,
porque aún estoy vivo y sé de sobra
todos los riesgos que el vivir implica.
Lo diría, no obstante, mas sucede
que me dan mucho miedo las barajas,
los panes invertidos, los saleros,
los paraguas abiertos en la alcoba,

Magic Realism
To Emilio Sanz de Soto

That gay medium
           (and if I call him
gay it's not that he was
a bit effeminate—because he was—
but that, in addition to other contacts,
he had dealings with the spirits.
But after all, back to our business):
that fairy and medium foretold for me,
with the help of the cards,
the worst misfortunes for August.
And he really guessed it right.
                    The ace of clubs
reaffirmed with its dark forcefulness
the rare union
of spades with hearts
plotted
for my misfortune
perchance by chance or destiny.
In short
the month turned out twisted, turned out insidious,
diverting
along even more sinister paths
the course of the previous months.
I don't dare say
that nothing worse can happen to me now,
because I'm still alive and I know only too well
all the risks implied by living.
I'd say so even so, but it happens
that I'm very much afraid of playing cards,
loaves of bread upside-down, salt cellars,
umbrellas opened in a bedroom,

Buda, Yahvé, Mahoma—vaya trío—,
todo lo que en la sombra manipula,
compromete, corrompe, traza, borra
el devenir de la existencia humana.
Por todo ello creo que lo sensato
será guardar silencio,
no sea que se irriten las tijeras,
o que el número trece caiga en martes,
o que el siete de espadas
 —presidio u hospital es su designio—
me atrape entre sus rejas para siempre.

Para salir de trances tan amargos,
una pequeña mano haciendo la puñeta
llevo colgada al cuello, y la dirijo
al mundo y al trasmundo, a mí y a ustedes.

Buddha, Yahveh, Mahomet—what a trio—
everything that manipulates in shadows,
compromises, corrupts, traces, erases
the future of human existence.
For all these reasons I think the sensible thing
will be to keep silent,
let the scissors be annoyed,
let the thirteenth fall on Tuesday,
let the seven of spades—
prison or hospital is its design—
entrap me between its bars forever.

To avoid such bitter moments
I wear a little masturbating hand
that hangs from my neck and I point it
at the world and at the afterworld, at myself and at you all.

Ciencia aflicción

Si todo problema al resolverse plantea más problemas,
dentro de poco tiempo será difícil andar por las calles.
—*Guau, guau*,
nos dirán los problemas enseñándonos los dientes,
mordiéndonos los fondillos de los pantalones,
aturdiéndonos con sus bufonadas insolubles.

Si todo problema
—como viene sucediendo hasta ahora—
plantea dos problemas,
dentro de poco valdrá más morirse.
A los paracaidistas no se les abrirá el paracaídas,
los conductores no sabrán conducirse,
los rectores no regirán.
Los problemas son prolíficos como ratas
y hasta los cerebros electrónicos se estremecen en las
   noches de luna llena,
cuando una lívida lucidez ilumina los ficheros
donde las ecuaciones sonríen petulantes
afilando los ángulos de sus raíces cúbicas.

Science as Affliction

If every problem on being solved presents more problems,
it will very soon be hard to walk about the streets.
"Woof, woof,"
the problems will say to us, baring their teeth,
biting the seats of our pants,
befuddling us with their unsolvable jests.

If every problem—
as has been happening up to now—
presents two problems,
we'll soon be better dead.
Parachutists' parachutes won't open,
conductors won't know how to conduct themselves,
presidents won't preside.
Problems are as prolific as rats
and even electronic brains shudder when the moon is full,
when a livid lucidity illumines the filing cabinets
where the equations smile petulantly,
sharpening the angles of their cubic roots.

The Lockert Library of Poetry in Translation

George Seferis: Collected Poems (1924–1955), translated, edited, and introduced by Edmund Keeley and Philip Sherrard

Collected Poems of Lucio Piccolo, translated and edited by Brian Swann and Ruth Feldman

C. P. Cavafy: Collected Poems, translated by Edmund Keeley and Philip Sherrard and edited by George Savidis

Benny Andersen: Selected Poems, translated by Alexander Taylor

Selected Poetry of Andrea Zanzotto, translated and edited by Ruth Feldman and Brian Swann

Poems of René Char, translated by Mary Ann Caws and Jonathan Griffin

Selected Poems of Tudor Arghezi, translated and edited by Michael Impey and Brian Swann

Tadeusz Różewicz: Selected Poems, translated and introduced by Magnus J. Krynski and Robert A. Maguire

"Harsh World" and Other Poems by Ángel González, translated by Donald D. Walsh

Library of Congress Cataloging in Publication Data

González, Angel, 1925–
   "Harsh world" and other poems.

   (Lockert library of poetry in translation)
   English and Spanish.
       I. Walsh, Donald Devenish, 1903–   II. Title.
   PQ6613.0489A28   861'.6'4   76–45899
     ISBN 0–691–06326–5
     ISBN 0–691–01333–0 pbk.

Printed by Libri Plureos GmbH in Hamburg, Germany